JN438913

홍매화 입술

이길자 시집

홍매화 입술

인쇄| 2010년 12월 15일
발행| 2010년 12월 20일

글쓴이|이길자
펴낸이|장호병
펴낸곳|북랜드
135-936 서울 강남구 역삼동 832-7 황화빌딩 1108호
대표전화 (02) 732-4574 | (053) 252-9114
팩시밀리 (02) 734-4574 | (053) 252-9334

등록일| 1999년 11월 11일
등록번호| 제13-615호
홈페이지| www.bookland.co.kr
이-메일| bookland@hanmail.net

편집주간| 곽홍렬
책임편집| 김인옥
영 업| 최성진

ISBN 978-89-7787-525-8 03810

값 7,000 원

홍매화 입술

| 이길자 시집 |

북랜드

■시집 발간을 축하드리며

외숙모는 참 멋진 분

2009년 추석, 고향에 내려갔다가 외숙모인 이길자 여사께서 시를 쓰는 재미에 푹 빠지셨다는 이야기를 들었다. 지금은 소설을 주로 쓰고 있지만, 나 역시 원래는 시로 등단했다. 등단 시인 「강화에 대하여」를 비롯한 많은 시들을 김천에서 썼다. 그때가 이십대 초반이었는데, 좋은 시를 쓰는 것인지 아닌지, 내게 시인의 재능이 있는지 없는지 그런 것은 전혀 생각하지 않고 매일 몇 편씩의 시를 노트에 썼다. 그렇게 시를 쓴 노트가 열 권이 넘어가면서 자연스럽게 등단도 했다.

외숙모께서 시를 쓴다는 이야기를 들었을 때, 나는 그 때 생각이 났다. 매일 시를 썼는데, 그러자면 매일 시인처럼 살아야만 한다. 시인처럼 산다는 말은 눈으로 보고 귀로 듣고 코로 냄새 맡고 입으로 맛볼 수 있다는 걸 뜻한다. 그게 뭐가 어렵겠냐고 생각할 수 있겠지만,

밥 한 끼를 먹어도 우리는 제대로 먹지 못하는 경우가 많다. 밥을 먹는지 아니면 딴 생각을 하고 있는지 알 수 없을 때가 많으니까. 밥을 먹는 일에 대해서 쓰자면 한 번이라도 진심으로 밥을 먹어봐야만 한다. 그러니 보고 듣고 냄새 맡고 맛볼 수만 있어도 매일 시를 쓸 수 있다.

하지만 시를 더 쓰다 보면 그 이상의 일들을 할 수 있게 된다. 말하자면 눈으로 듣고 귀로 보고 코로 맛보고 입으로 냄새를 맡는다고나 할까? 눈으로 밥을 먹을 수 있을까? 혹은 봄에 풀리는 시냇물 소리를 색깔로 표현하자면 무슨 색일까? 그런 식으로 시는 말할 수 없는 일들을 말할 수 있게 되는데, 그 때가 시 쓰는 재미가 제일 좋았다고 생각한다. 아마도 외숙모도 이 시집에 실린 시를 쓸 때, 그런 재미에 푹 빠졌으리라 생각한다. 그렇다면 그것만 해도 시를 쓴다는 건 참 좋은 일이다.

간간이 외숙모께서 보여준 시를 읽을 때마다 참 따뜻하다는 생각을 많이 했다. 그 시들은 마치 솜이불과 같아서 괜찮아, 괜찮아, 그렇게 읽는 사람의 마음을 위로하는 느낌이었다. 매일 시를 쓴다는 건 한 사람이 할 수 있는 가장 멋진 일이라고 생각한다. 시를 쓰려면 자기 안에서 가장 순수한 마음을 꺼내야만 한다. 매일 시를 쓰면 그 사람은 매일 순수해질 것이다. 외숙모의 시가 따뜻한 건 그분의 진심이 따뜻하기 때문이리라. 그 마음이 고스란히 드러난다면, 그것이야말로 가장 아름다운 시라고 생각한다.

언젠가 마음에 든 시를 다 쓰고 났을 때의 일이었다. 이 세상에 태어나 시를 한 편 썼구나, 라고 생각하니 인류에 큰 기여를 한 것처럼 뿌듯했다. 넌 왜 태어났느냐고 물으면 그 시 한 편을 쓰려고 태어났다고 말할 수 있을 것 같았다. 이제 그간 쓰신 시들을 책으로 엮어내는 이 시점에 나는 외숙모께서도 처음 시라는 걸 한 편 다 쓰고 났을 때의 그 마음을 영원히 기억해 주시기를 바란다. 누구든 한 편의 시를 끝맺는 장면은 감동적이라고 생각한다. 나이라는 건 숫자에 불과하다. 아무리 나이가 많아도 우리는 얼마든지 새로운 사람이 될 수 있다. 시를 쓰는 사람이 된다는 건 그 중에서도 제일 멋지다.

그런 점에서 외숙모는 참 멋진 분이라고 생각한다. 외숙모가 매일 시를 쓰는 사람이 되기를, 그래서 매일 새로워지는 사람이 되기를 바란다.

2010년 가을

김연수(작가)

차례

#2 나이 먹은 선풍기

#3 서성이고 있는 겨울

#4 말 없는 사랑

#5 향기 나는 몸

1

가을이 온 거다

가을을 붙들고서

화사한 햇빛이
잔잔한 마음을
흔들고 있다

가을 들판이
생일 상 같다
감나무
밤나무만 봐도
배부른 계절

국화 향 짙어지고
밤이 길어지면
홍시
밤
군것질거리로
가을을 읽고 있다

가을이 가나 보다

나뭇잎
마음이 우울해서
빨간 노란 옷으로 갈아입는나

그렇게
파릇한 젊은 어디 가고
풀이 죽어 있다

겨울잠을 자려 함인가
급하게 가을을 두고 간다

사람도 동면하여
싱싱한 푸른 옷으로
갈아입을 수 있다면

거실 창문에는
오늘도 노을이 짙어간다

가을이 온 거다

땅에 비친 내 그림자가
하늘에 그려지면
가을이 온 거다

단풍이 나를 불러내어
편지를 쓰게 하면
가을이 온 거다

임의 품에 안기어
포근한 사랑의 속삭임이 그리우면
바람난 가을이 온 거다

바람 속에서 나를 찾는다

나락 다 익었다고

찌는 더위가
소리 없이 물러갔다
폭염 속에 삼복을 맞으며
초복 중복 말복으로 3살 먹은 나락
비 속에서도 꽃을 피웠다
굵은 비 내려도 꿋꿋이 이겨내며
익어가는 나락
알이 꽉 찼다
한 줄 한 줄 새겨진 주름에도
이름 모를 보석이
하나 둘 셋
훈장처럼 꽉 차 있다

남자의 위치

옛날 어머니들은
남자 그늘에서 기죽어 살았다
늘 남자가 먼저였다
나들이하면 남편 뒷짐 지고 앞서 가고
여자는 남편 그림자 밟고 다녔다
사랑방에 앉아서 재떨이에
담뱃대를 두드리면서
물 가져와라
성냥 가져와라
부인에게 어이, 야로 불렀다
여름이면 부채 가져와라
얼음물 가져와라
온갖 심부름 다 시킨
아버지 세대

21세기
아기 업고 유모차 끄는 남자
밥하고 설거지 빨래하는

작아진 남자의 자리

노년 되어 뒤바뀐 위치
남편이 아내 핸드백 들고
나란히 걷는 모습
많이도 변한 세상
인터넷 속으로 또 변해간다

일흔 하나

지는 해가 내 머리 위에
나이를 얹어놓고 간다
오만 가지 다 먹어도
나이는 쓴 약 먹기보다 싫다
한 올 한 올
바느질하듯 살아온 날들
모나지 않게 살려고 해도
불효한 마음
죄스러움에 뼛속까지 한파가 닥쳐온다

머리의 하얀 눈
이마의 주름은 세월의 흔적
다리는 후들후들
안 그런 척 시치미 떼지만
무릎이 증인이다
혀끝 맛도 사라져
소금을 자꾸만 더 넣고
냉장고 문 열고 한참 서성인다

깜빡깜빡하는 기억력
허해 가는 체력
주름진 입술에
진달래색 립스틱으로
마음을 달래 본다

몸빼
— 일 바지

식민지 그 때
일본 여자들이 일할 때 입었던 옷

조선 여성들에게
강제로 입히고 노동력을 갈취했다

잡일꾼
학교 선생님
혼례식 하객 모두가 입어야 했다

그 옷 입지 않으면
쌀 배급도 못 받고
극장 출입도 못 했다
한복 입으면 발로 차고
흰옷을 입고 있으면 먹물을 뿌렸다

해방도 환갑이 지났는데
남아 있는 어두운 그늘

국민학교가 초등학교로 바뀌어도
이조 시대라는 말은 아직도 남아 있다

아픈 흔적 있는 몸빼를
몸에서 빼어 벗어 버린다
저희 나라가 아닌
우리나라에서 사는 오늘

방망이

눈이 무릎까지 와도
얼음장 같은 차가운 물에
아린 손가락을
고무장갑도 없이 냇가에 앉아
방망이 두드려 빨래를 했고
양잿물로 삶아서
두드려서 때를 뺐다

두레박으로 퍼 올리는 우물가에는
새댁 헌댁 모여서
빨래하는 척 남편 험담한다

이제는
세탁기 등장으로
다듬이 방망이
빨랫방망이
골동품으로 자리 잡고 있다

봉숭아

봉황새 닮은 고고한 자태의
봉숭아 꽃잎

화단 한 모퉁이에
골목길 가
장독대에 한창이다

꽃잎 따서 돌로 찧어
호박잎으로 싸서
손톱에 실로 꽁꽁 묶어
여름밤이면 별을 가슴에 안고
손톱에 꽃물 들였다
아침이면 쪼글쪼글한 손
분홍색으로 물들어 있다

첫눈이 내리도록
새끼손가락에
초승달이 남아 있어 임이 올 것 같다

손에는 가을이 꽃물로 남아 있고
주름살에는 세월이 남아 있다

산수유의 외출

소리 없이 와서
밤새 지붕 위에 눈[雪]잔디 깔아놓고
아침 햇살에
낙숫물 소리 내며 돌아간 자리에
향기 하나 남겨 두었다

잎보다 먼저 나온 꽃
햇빛 받아 노랗게 물들었나
바람 따라 멈춘 걸음
코끝에서 피는 향기

시간이 간다

발이 달렸나
냅다 뛰어간다
소리도 없이 간다
달려와도 뿌리쳐 보지만
온몸을 휘감고
가던 길 간다,

아등바등 살아온 흔적
행복한 보물
붙들어 두고 싶지만
그래도
시간은 가야 한다
봄이 와야 하기 때문이다

워낭 소리 듣고 사는 부부

햇살이 바람을 깨우는 소리가 들리는
산 아래 집 마당에
늘 그대로
같은 곳만 보고 사는 사람
타박하는 말투 속에서도
속마음 얼비치어 정이 든다

가을걷이 한 콩깍지 한 가마니
겨우내 소여물이다
투박한 삶으로 살아온 부부
콩 고추 깨 팔아
할아버지 털옷 사서 오는 날은 걸음이 가볍다
사온 옷 내밀어 보지만
좋다 싫다는 말이 없고
웃음이 답이다

초롱불 아래서
하루의 문을 닫고
처마 끝 고드름에는
주름이 그려져 있다

46인 영결식 날
— 천안함 장병을 위하여

물대포에 하늘이 무너지며
돌아올 수 없는 길 떠난 임

하늘이 슬퍼
땅이 젖고
그 청춘의
거룩한 한 방울 피는
가슴에 눈물로 맺히고
아픈 가슴은
빗물에 씻겨 흘러간다

피지 못한 꽃봉오리가
뜨거운 눈물에 영원히 피어나길

12월 끝자락

벼랑 끝에 서 있다
떨어지지 않으려고
안간힘을 썼지만
밀어 내는 세월에
넘어지고 말았다

팔지도 않았는데
사가는 세월
세월을 흙 속에 꼭 묻어두니
오는 해가
나무에 걸려 있다

2

나이 먹은 선풍기

나이 먹은 선풍기

구석 한 자리를 차지하고
아직도 제 구실을 하지만
뽀얀 먼지만 뒤집어쓰고 있다
110볼드 코드에 끼우면
덜 덜 덜
날개 따라 몸도 돌아간다
수건으로 방석을 깔아 주어야
제자리 지킨다

자동 버튼 리모컨에 밀린
월남전쟁 때 산
나이 먹은 선풍기
골동품으로 모셔놓고
자꾸 눈길이 간다
내가 닮아간다

참꽃

벗은 나무들 속에서
발그레한 얼굴로
수줍음 드러낸다
연분홍 치마, 팥 닮은 꽃술 드러내며
향기로 유혹한다
산바람
봄바람
꽃바람
바람 난 소리에
봄이
자꾸 커져 간다

점점 뜨거워 간다

귀농한 새내기 농부

구름도 쉬어가는
산 아래 마을
700고지에 노인들만 산다

6·25동란도 비켜간 동네
도둑이 없어 문 열어 놓고 산다

60대 아저씨 퇴직하고
농사짓겠다고 터를 잡았다

아직 겨울 빛이 켜지지 않은 날에
밭갈이 하는 농부
쟁기 매어 소몰이 한다

앞으로 직진은 즈 즈 즈
어 뎌 뎌는 왼쪽으로 가는 신호
워~어 하면 서라는 말이다
한국어인지 영어인지 잘도 알아듣는다

때 묻지 않은
안개 속에 가려진 마을
굴뚝 연기가
귀농한 농부를 감싼다

두고 온 도시가
안개로 내려
밭고랑이 젖는다

박재삼 문학관에서

문학관 입구에서 맞이해 주는
마른 체형의 전신全身 사진
고달픈 삶이 배어 있는 듯
가난함이 묻어 있다

바다를 안고 선
하얀 동백꽃의 미소
빨간 동백꽃 수줍음이
시로 살아오신 선생님의 향기 같다

낮에는 생선 행상으로 가족 끼니 해결하고
밤에는 야학해서 꿈 키웠다
박복한 어린 시절
가난해서 슬펐고 슬퍼서 시를 썼고 시를 써서 행복했다*
가난은 시인을 놓아주지 않았다
서울에 산 것은 시가 안 되고
마음 붙여준 삼천포식 시를 섰다

노래는 참말이라고 거짓 없는 삶을 살자 한다

시詩는 선생님의 선생님이다

* 박재삼 시인이 하신 말씀

단풍

자연의 붓으로 그린 그림
갖가지 색이 산을 덮었다

따가운 햇볕에
나무 뒤에 숨어 있다가
바람 부는 가을이면
얼굴을 내민다
햇볕 듬뿍 받아
빨간, 노란색으로 화장한 얼굴이다

엄마랑 나들이 나온 아이
손바닥으로 단풍잎에
손도장 찍어 본다
아이 손에 엄마가
엄마 손에 아이가
지문으로 새겨져 있다

석류

유월에
익어가는 석류

뜨겁게 달구어진
담벼락 너머

붉은색을 띄우며
알알이 속살
다 보여주니

옷 걸치지 않은
장독들이
얼굴 붉히며

부끄러워하는 소리
앞마당까지 들린다

수양버들

봄바람에
흐느적흐느적 늘어져
푸른 치마에
바람을 연주 삼아 춤을 춘다
꽃도 없는 것이
나비도 오지 않는 것이
긴 머리카락 날리며

부드러운 가지 있어
몸이
마음이
흥겨운 거다

숨었던 봄비

마음 다 내려놓고
소록소록 잠들었던
봄 깨우는 빗방울

벗은 나무들 옷 입으라고
두꺼운 껍질 속에서
움트는 새싹들

낙엽으로 덮여진 거름 덕분이다
뿌리가 분명 꿈틀거린다
알람시계가 역할을 한 거다

엔젤 트럼펫*

하늘을 봐야 할 꽃이
아래를 보고 있다, 부끄럽다고
땅을 향해 나팔을 분다
누런색 나팔로 열심히 불어보지만
소리가 들리기 만무다

크게 노래 불러
트럼펫 가락에
멀리까지 향기 퍼져
몽롱하게 취한 나비 벌
꿀 따러 날아오라고

천사 꽃은 하늘 향해
나팔 부는 게 꿈이다
천사의 집은 하늘이기 때문이다

* 천사의 꽃으로 불림

여름밤

갈증에 시달리는 여름밤이
계곡에 머물러 있어
대나무 잎 부딪치는 바람소리로
열기를 식혀 본다

고즈넉한 밤 풍경 아래
모기
풀벌레 소리
하늘의 별들도
그냥 잠들도록 놓아주지 않는다

반딧불 잡아 병에 넣고
골목길 뛰어다니던
여름밤의 추억이
잠을 먼 곳으로 데려갔다

은행나무 가로수

봐 주지도 않지만
가로수로 버티고 있다
거센 바람에도
폭풍 폭설에도
기죽지 않는다
곧은 자태에
벌레마저 기가 죽었다

봄이면
한 잎씩 옷을 걸치고
햇볕에
오아시스 되어 주었다가
우듬지에
노랗게 물이 들면
책갈피 속으로
친구 되어 들어온다

인도네시아 여행

싱가포르를 거쳐 배로 1시간 가서 도착한 곳
시골길 허허벌판
시골 밭이 일굴을 내밀었다
5, 60년대 우리의 모습이다

마을에서는 아이들이 몰려와서
아줌마 이뻐 아줌마 이뻐라고
느닷없이 말을 던진다
돈 달라는 말이라고
여행 가이드가 사탕으로 아이들을 달랜다

이국땅 열대 속에서
처음 먹어 본 야자열매가
더위를 식혀준다

노란 깃대 달고 달리는
오토바이 택시
환한 미소 짓는 기사의 치아가
승용차보다
더 빛나게 보인다

작아서 강한 놈

해가 잠자면
달이 눈을 떠
어둠의 자리를 깐다
이 틈을 노리는 작은 놈

따끔해서 보면
모기가 한 짓이다
바늘로 찌르는 아픔
손바닥으로 때려 보지만
이미 늦었다
벌겋게 부어 오른 이마
귀에도 한 방 쏘았다
어, 이번에는 왔는지도 몰랐다

제 삶 살아가는 모기
작은 몸집이
그가 살아가는 방법이다

장날

꾸벅꾸벅 졸고 있는 할머니
좌판에 파 정구지
손질해서 가지런히 놓고
고개 푹 숙여 어서 오라고
절이라도 하는 듯
낮잠에 빠졌다
자주 오는 시장이라
낯익은 어른
정구지 집어 들고
옆에 있는 붕어빵 아줌마에게 여기 놓고 가요
할머니 앞치마에 1000원을 놓고 왔다
자동차 소리에 깰 만도 한데
신호등 건너서 보아도
그냥 숙이고 있다
어지간히 피곤했나 보다

두부도 팔지요

두부 콩나물도 팔지요?
묻는 전화에
화난 목소리로
안 파는데요
힘 있게 말한다

무거운 겨울 지나
새싹 움트는 봄이면
전화벨소리
여기 시골인데요
냉이랑 도라지 쑥 싱싱한데
안 사실래요?
가게이름이 서울식품이니
당연하게 전화 안내양이 가르쳐 주었겠지
이번에는 나지막한 소리로
안 살 건데요

365일 쉬는 날 없다
피곤해도 종업원 두기는 그렇고

물려받을 자식들은 서울이 좋단다
정년 없는 가게
팔다리 건강할 때까지
둘이서 지키자는 마음 주고 받았다

3

서성이고 있는 겨울

서성이고 있는 겨울

수다스럽게 떠들었던 겨울
이불 붙들고 서성이고 있다
안개 저편에서

무릎 스치는 차가운 바람
어깨 위에 앉은 햇살에
숨을 죽인다

엄마 품에 잠자던 봄
새싹 깨워서 젖이라도 먹이려나
살포시 얼굴 보이며
겨울을 밀어낸다

길어지는 밤

서리 내린 아침
꽃들이 떠난 빈자리에
물방울이 열매처럼 맺혀 있고

뒹구는 낙엽은
바람이 힘겨워서
낮은 자리로 오고

문풍지 떨리는 소리에
가을밤의 차가운 공기가
겨울을 물고 있고

밤이 길어질수록
따뜻한 차 한잔이
아랫목이다

가을비 1

소리 없이 내리는 비에
몸이 떨린다

자고 나면
얼굴을 바꾸는 나무

문틈의 싸늘한 바람에
겨울을 느끼는 차가운 살갗

노란 물이 드는
기운 없는 은행잎

키 큰 나무도
가을비에 몸을 움츠린다

가을비 2

따갑던 여름 햇볕
가을비가 식혀주고
찬바람 몰고 와
겨울 문을
똑똑
두드리면
길어진 그림자에 맺힌
열꽃 같은 눈물로
씻어낸다
숨 가쁘게
아직도 물든 단풍잎
깔아놓고

가을 산에

가을 산은
푸름이 아직 그대로 남아
그늘 주고 있다

안개 걸린 산자락에
능이버섯 송이버섯 더덕
오미자 주렁주렁
가을을 달고 있다

오솔길 가에
구기자도 빨간 입술 내밀었다

여름 땡볕을 안고 자란 약초
향기로 곳곳에 물들이고

높은 하늘 아래
바람
햇빛 머금은
약초 덕에
가을 산은 보약 산이다

가을이 오면

산으로 가 보련다
물이 든 나뭇잎
떨어지기 전에

햇빛으로 화장한 잎
그 그늘에 앉아
익어가는 '만개' 열매를 만 개쯤 헤아리고 싶다

바람이 불면
나뭇잎 소리에
자꾸 문 쪽으로 눈이 간다

가을이 온 거다

종일 눈이 시리다

겨울 속에서

겨울이 왔다
고상한 가을 밀어내고
햇살을 잘라내어
나무 옷을 다 벗겨 놓았다

한 조각 햇빛을 잡고 있어도
겨울은 그 자리에 서 있다
따뜻한 그리움으로
봄에게 눈치 주었더니
하늘이 비웃는다

진눈깨비가 온다

귀뚜라미의 연주

웃고 울리고 슬프게 하던 낙엽이
비스듬한 햇빛 받고
겨울잠을 챙긴다

숨어 우는 귀뚜라미
가는 계절 잡으려고
그렇게 슬피 우는가
속마음을 모르겠다

짧은 가을 아쉬워서인가
임을 구하는가
일 년 내내 단풍 들어 있으면
귀뚜라미가 웃어 주려나

울다 지쳐 작아지는
귀뚜라미 소리에
가을이 깊어간다

꽃을 가만 두지 말아요

눈길이 꽃에 가니
꽃잎 하나 펴 보이고

한 걸음 다가가니
향기 가득 채워주고

내민 손 가슴에 얹어
자태 간직하니

벌 나비 날아들어

꽃

향기

열매

봄을 엮어
가을 가슴에 펼쳐 놓았다

봄이 일어섰다

겨울 뚜껑으로 닫혔던 단지 속 봄
향기로 가득하다

씨앗이
잎으로
꽃으로
꿈틀거린다

묵혔던 짧은 해
풀기도 전에 배시시 웃으며
자두밭 이랑에 냉이가
먼저 일어서겠다고
기지개 쭉 뻗었다
봄이 온 거다

국화 향기

향기 건네주는 국화가
가을꽃으로 왔다
꽃집 국화향이 나를 부른다

노랑 실국화에
눈이 자꾸 간다.
지지대에 기대어
활짝 웃고 있는 국화
향기가 문틈으로 비집고 나갈까
문을 꼭 닫으면
가을 속으로 들어간 거다

옷 벗은 나무

바늘구멍 바람에도
추위가 느껴지는 계절

정겹게 붙어 있던 잎들은
뿔뿔이 흩어져 땅에 묻히고

옷 벗은 나뭇가지
코 골지도 않고
잠꼬대도 없이
겨울잠 자고

달님은 어스름 불 밝혀
벗은 나뭇가지 훔쳐보고

낮에는
눈 뜬 햇살이 나무를 끌어안고 있다

첫눈

눈이 내린다
가슴 설레게 하고
힘들었던 묵은해를
다 덮어 버렸다

보고 있으면 행복해지는 눈
하얀 미소를 만들어
눈 오는 풍경에 마음이 트인다

소복이 쌓인 눈에
강아지 발자국 따라가 보기
신발로 찍어 꽃모양 만들었던
그 날이 그리워진다

조용히 내리는 눈
오늘은 나무도
멋지게 화장을 하는 날이다

청개구리 여름나기

호박꽃에 앉은 청개구리
턱밑에 울음주머니
습도가 높으면
목 터지게 울어 댄다

햇볕 피해
호박잎에 앉아
더위 식히고

푸른 바탕 검은 무늬
천적을 피한다

계곡물에 몸 담그고
여름 나는 청개구리

눈길 주니
부끄럽다고 다른 잎으로
폴짝 숨어버린다

꽃기린

환한 미소로 찾아온 코스모스
지나가는 차를 향해 손을 흔들어 준다
수줍음 때문인지
분홍색 얼굴을 하고 있다

작은 바람에도 인사하는
가늘고 긴 몸매
기린을 닮았다
먼 곳을 볼 수 있는 기린
큰 우주를 닮은
꽃기린, 코스모스

호박벌

방아 모종을 얻어 화분에 심어
화단을 일구었다
진한 향에 벌레 모기 얼씬 못한다
눈치 챈 사람들
한 잎 뜯어 코에 대어 본다

꿀벌
호박벌
꽃향기에 취했다
벌이 다니는 길이 보이는지
향기가 안내하는지
긴 꽃향기 따라
노란 꽃가루 장화 신고
하나 둘 날아온다

홍매화 입술

그대로가 화장이다

볼그레한 입술
화사한 볼
미소 짓는 얼굴
늘어진 꽃줄기
분홍색 저고리에
검은 치마 받쳐 입고
가지가지 매달린 꽃
바위틈에 자리 잡고 피었다

얼른 커서 꽃피우고 싶다는
굵은 가지에 걸터앉은 가지들
살짝 내민 입술에
수줍음이 맺혀 있다

4

말 없는 사랑

말 없는 사랑

애주가이신 아버지
사람 좋아하시고

바른 길로 가라고
꼭두새벽 일어나서
목탁 두드리고
손 꼭 잡고 묵묵히
엄마에게 잘하거라 말하시고

동생과 싸웠다고
부지깽이로 종아리 때렸던 엄마
그래도
엄마라는 말은 목메이고
눈물 나게 한다

아버지 신었던 구멍 난 양말
엄마가 신는다
버리세요 엄마

바람 솔솔 들어와서 좋다는
말만 되풀이 한다

이 말 들은 아버지
다 떨어지거들랑
마루 걸레 하란다

빈방

설이면 만남을 예약했지만
목마른 나무 비 기다리듯
자꾸 문 쪽으로 눈이 간다

엄마 나 왔어요
짐도 풀기 전
고속버스 5시간
머나먼 고향길이었다고
투정을 한다

모아 놓은 이야기
풀어 놓는 모정

연휴 끝날
햇볕 낮아지면
엄마에게 마음만 남기고 간다

아이들 다 떠난 빈방에
마음이 허해 벽을 본다

봄나비 꽃 찾아가듯
떠나간 빈방

7월의 바다

찌든 일상을
파도 소리에 담고
어제 일은 모래 속에 묻어둔다

벌레는 숲으로
오리는 물로
휴가 가고

가슴 펴며
시원한 바람 창 너머 들어올 때
여보 참 좋지요
한마디 말이
삶의 휴가다

가을 빛

여름 끝자락에 찾아온
연한 수채화 빛이
문 두드리며 창 너머로 들어와서
어깨에 앉는다

고추잠자리의 한가로운 비행은
119와 악연인가
가을 불씨를 들고
나무에서
들로
산으로
불을 지르며 날아다닌다

가을 빛의 품 안에서 잉태한 과일
금빛 물결 깔아놓고
애무하는 햇볕에
엄마 냄새가 묻어난다

구름의 그늘

검은 구름 하늘을 화나게 하고
흰 구름 해님 찡그리게 한다

밤에는 별, 달에게
미움 받는 구름

바다 지나면 조개 닮고
산을 지나면 솜뭉치를 닮는다

힘겨워 눈물 흘리면
바람이 닦아주어
하늘이 잠재운다

가족 품에 그렇게
잠이 든다

고향 목소리

앞마당 모퉁이에
개나리 피었으니
왔다 가라고

복사꽃 피었으니
보러 오라고

자두가 익었으니
가져가라고

도토리묵 만들어 놓을 테니
먹고 가라고

감나무에 홍시가 익어가니
따 가라고

고구마 삶았으니
먹고 가라고

친정엄마 애간장 타는 수다에
먹지 않아도 배부르다

고향은
오래 있어도 가라는 소리 않는다
그냥 머문다

꽃바구니 속 지난 시간

미리 가족이랑 보낸 생일이라
잠시 잊어버렸던
진짜 생일날

반복하는 일로
가게를 지키는데
꽃바구니를 건넨다
이게 뭐예요 아저씨
오늘 어머님 칠순이라고
딸들이 인터넷으로……

어머
감동에 북받쳐 멍한 마음으로
허공을 보고 막 웃었다
70송이 장미 바구니
그 향기마다
송이송이 삶이
꽂혀 있다
밤하늘의 별자리처럼

자식의 자리

가을이면
낙엽 위에

부서지는 나날을 던지고
앙칼진 시간들 흘려보내며

사람 냄새 맡으며
빈 마음에 그리움 담아 본다

그렇게
가슴에 가을 구름이
뭉게뭉게 피어난다

단팥죽과 팥빙수

역 모퉁이에 자리 잡은 뉴욕제과
8, 90년대 기차역 손님으로 빵이 잘 팔렸다

이곳이
시누이네 집이며
연수는 그 집 아들이다
역 마당이 우리 집 마당마냥
연수랑 우리 아이들
세발자전거 타며 놀았다

그때는 제과점이 만남의 장소였다
처음 남편을 만난 곳이다
겨울엔 단팥죽
여름엔 팥빙수가 일품이다
자식 공부시켜 준 터
그 덕에
착한 연수 소설책을 10권을 내고
글을 써 상도 받았다

최근 출판된『대책 없이 해피엔딩』
고향의 자랑 연수
세계 문학도의 친구로
해피엔딩 하길

대나무 사랑

어떤 유혹의 귓속말에도
흔들리지 않는
고집 세고 꼬장꼬장한 대쪽 같다
잎이 바람에는 흔들려도
나무는 허리 굽히지 않는다
태풍이 와도
해가 바뀌어도
곧은 자태
남의 말 듣지 않는 외고집
부러지지 않고 꼿꼿이 서 있다
늘 한자리에서
바람을 받아주며 서 있다
내 옆에서 그렇게

역 대합실

소풍 가는 기분으로 잠을 설쳤다
코앞이 기차역인데
성질 급하게 20분 전에 역에 도착해 있다
남편은 뒤에서 투덜투덜
그리도 친정이 가고 싶었는가
나를 놀린다
잠시 기다리는 대합실에는
지팡이에 의지한 할아버지
고사리 말려 김치 담아 아들네 집에 가는 할머니
빵 먹는 아이
행복이 비쳐지는 얼굴이다
무엇이 그리도 좋은지 마주보며 웃는 젊은이
서로 부딪치는 삶이 꿈틀거린다
가지각색 삶이 있는 곳
모든 인생 맞이하는 방
역 대합실 안에 내 삶도 담겨 있다

그늘진 부채

옛날에는 더위를
등목
부채
죽부인으로 여름을 났다

방구부채*
접는 부채
여덟 가지 덕 본다는 팔덕선
상주 얼굴 가린 포선도
조상들의 더위 식힘이다

10살 때
아버지 퇴근해서 오시면
부채질 좀 해 다오
오늘따라 와 이래 덥노
등 뒤에 서서 방구부채로 땀 식혀 드렸다

놀고 싶어서 꾀를 부려

세게 부치다
약하게 부쳤더니
아가 자부나 그만 해라
부채질이 왜 그리도 싫었는지

자동부채에 에어컨까지 나왔지만
여름은 더 덥기만 하다

* 둥근 모양의 부채

외손자

자식은 내리사랑
손자는 윗사랑이라더니
재롱 부리는 외손자에
근심 걱정 어디 갔노

외가에 오는 날
전화기에 눈이 자꾸 간다
이모들은 먼저 뽀뽀 세례 받겠다고
문소리에 귀 기울인다
가방 메고 짠하고 나타나면
외손자 볼 몸살 난다

할아버지 할머니 세배 받으세요
절하고는 그냥 엎드려 있다
세뱃돈 얼말까 계산하는가

복주머니에 가득 넣은 세뱃돈
뭐 할 거야

아빠 자전거 사줄 거야

꼭꼭 저금하라고
우체통 모양 저금통 건네니
입에 손가락 넣고
'네-에'라고 하며
가방에서 꺼낸 편지
할머니 할아버지 오래 사세요, 라고
적혀 있다

집안의 정원

찬바람에 눈 감아버린 나무, 꽃
창밖에 두고
미니 정원 펼쳐본다

햇빛 없이 잘 크는 대나무 닮은 곧은 자태
가족이 모이는 거실에 둔 금천죽
행운 돈 음이온 공기정화에 좋은
하는 일 많은 화분이다

베란다에 빛 좋아하는 제라늄
꽃분홍색 다섯 잎

넓적한 잎으로 암모니아 냄새 먹는 관음죽
부채 살 닮았다

부엌엔 스파트필름 공기를 맑게 하고

탁자 위에 놓인 아이비

벽을 타고 뿌리 내린다

침실엔 향기 퍼지는 로즈마리가
하루 피로 풀어준다

보살핌에 보답하는 꽃이 있어
작은 정원 하나 가졌다

가족은 마음의 정원이다

5

향기 나는 몸

향기 나는 몸

꽃은
가만있어도
향기가 건너온다
사람은
인품이 향기다
배려하고
낮출 줄 알면
그게 향기다
선한 마음으로
문을 열면
마음의 향기가
빛이 난다

오늘은 유난히
세상이 밝아 보인다

마음

비어 있는 곳간에도
씻나락 한 됫박 간직하면
희망을 품고 있듯

차가움을 녹일 수 있는 마음
뜨거운 가슴이 품은 온도
미움 다가와도
보듬으면 보석이다

은은한 향과 맛을 건네는 차처럼
끝없이 넉넉한 하늘 닮은
속마음 하나 가졌다

지저분한 찌꺼기 걸러 내니
풍선처럼 가벼워진다
푸른 하늘에 풍선이
하나 둘 셋
헤아릴 수 없이 많은 가을

가을이 익어간다

성질 급한 감
홍시로 익어 가고

배부른 계절
살찌면 미움 받을까
비켜서 있지만

여름을 버려두고
찾아온 손님
잔칫상 차려 겸상을 한다

강변공원

6천 평의 강변공원
시민이 기증한 나무들
여기저기에 그 마음 심겨 있다

동심 담은 조각상
건강 담은 지압 길
작고 아담한 정자

직지천 품에 안고
자연의 숨소리
오케스트라 연주가
귀에서 마음으로 번져간다

거미의 사랑

날이 밝으니
나무와 잎 사이에
거미줄이 얽혀 있다

잎 위에 앉은 이슬방울
돌돌 굴러서
거미줄에 앉았다

이슬을 안고 싶은 거미
가만히 다가가
꽉 안았다

툭 터지는 물방울

거미의 이루지 못한
아침에 한 사랑

나팔꽃

아침을 위하여
밤에도 꽃을 피우고
새 잎도 만들고 있다
예쁜 꽃에
얼룩무늬 잎
부지런 떨며 모습 지킨다
담벼락에 늘어서서
빨간색 보라색
서로 기대어 피고 있다
전화로는 부족해
아침부터 만나
수다를 떨고 있다

달력 한 장

그렇게 무겁게 걸려 있더니
한 장 남은 달력
어둠이 실타래같이 뭉쳐 있는 밤에
차 한 잔 놓고
스쳐가는 걱정
그림자처럼 다가온다

해 놓은 일 없고
남은 세월은 짧은데
그 자리에 서 있는 인연
꽃 피면 임 만날까
문 쪽으로 눈이 간다.
잎 떨어져 외로운 가을이면
임 만날까

언제 해 만나 달 만나
연애해 볼까
떠 있는 구름 잡으려다
해를 또 보낸다.

딸네 집 가는 길

엄마 생일이라고
딸이 초대를 했다

부지런을 떨어
칠보단장 끝내고
차에 오르니
술이 빠졌다

막내딸이 운전대를 잡았는데
대구에서 헤매었다

배에선 꼬르륵
대구를 한 바퀴 돌아버렸다
1시간이면 도착할 거리
40분이 더 걸렸다

머리를 써야 치매 안 걸린다지만
내비게이션인가 뭔가 달아 봅시다

인생의 내이게이션도

봄바람에 넘어진 겨울바람

겨울바람
창문 가에서
칭얼대고 가지 않아도

봄바람
살랑살랑 버선발로 와서
따사로운 봄볕 주니
연둣빛 새싹이
푸릇푸릇 몸을 드러내어
어둠 털어내고 아침 맞으니

햇살이 왕관 쓰고
꽃이
봄 향기 가져온다

봄이 성났다

4월에 눈이 내린다
새싹은 어쩌라고
어제 울타리 뒤에 가득한 꽃빛들
모두 움츠리고 있다

장롱 속에 차곡차곡 넣어두었던
겨울옷 다시 내어놓았다

꽃도 혼란스러워
갸우뚱 고개 흔들겠다
봄인지 겨울인지

추워서 입김이 입을 막고
바람이 마음을 막아선다

잔디의 신분

납작 엎드렸다
꽃도 피지 않고
향기도 없다
나비 벌도 찾지 않는다

꽃들 잘난 체하지만
배경을 깔아주는 보색이 있어
귀해 보인다

제 몸 낮추어
더 좋아 보인다
화단 있는 정원보다
잔디 있는 정원이
그래서 더 편안해 보인다

낮잠 자는 가로등

소음 속에서
하루 종일 말없이 서 있다
누가 봐 주지도 않는다

어둠이 땅에 내려앉으면
고개 들어 불빛을 내뿜어
누구를 지켜준다
돌에 넘어질까
밤손님 지키는 가로등
햇빛이 어둠을 안아주면
그제야 눈을 감는다

절

푸른 나무들이 빼곡한 틈 사이로
햇살이 절을 안내한다

하늘과 가까운 산 아래 자리 잡은
나를 찾는
묵언의 쉼터

몸으로 땀흘려 가며
무릎 꿇고 참회하고
숨었던 고통
속으로 삭히며
풍경 소리로 씻어낸다

옹이처럼 박힌 흔적
부처님 어깨에 한 짐 얹어놓고
바라는 소원
가을햇살에
슬펐던 삶을 태워 주었으면

그리운 흔적

힘든 일 하나씩 던져버리고
가을빛을
조심스레 밟아본다
멈추지 않고 흐르는 강물처럼
어찌할 수 없는 세월
모래 위에
손도장 찍어보지만
흔적은 바람 속으로 숨어버리고
부서진 조개껍질이
파편처럼 가슴에 하나씩 박힌다

책 끝에

가을바람이 앉아 있는 나를 들썩들썩 불러내어 밤잠을 설치게 합니다. 꼭 첫사랑 만나러 가는 기분, 가슴이 쿵쿵 마음이 가만있지 않았습니다. 칠순의 나이에도 가슴이 뜨거워지는 것은 아마도 시를 접하니 그런가 봅니다.

50대 후반부터 하루를 보내는 아쉬움에 일기 쓰는 습관이 생겼습니다. 계절이 바뀌었다고, 단풍이 들었다고, 낙엽이 떨어진다고, 이렇게 물들여 가는 마음 적어 두었습니다. 꽃향기가 나를 불러 시詩에 취하게 되었습니다.

아직 젊음이 자리 잡고 있는 듯 오래된 꽃이라고 향기도 늙었으랴, 근심 걱정 덮어 보려고 시창작반에 겁없이 덤벼들었습니다.

지도 시인 권숙월 선생님께서 '시는 쉽고 쉽게 쓰라'는 말씀 아직도 귓전에 남아 있습니다 생활 속에서 묻어나온 삶의 속에서 데쳐 건져낸 시를 쓰곤 합니다. 글을 쓰지 않는 날은 하루가 너무 긴 시간입니다.

삶의 윤활유가 되어주신 선생님 덕분에 책을 내게 되었고, 남은 인생의 이정표가 바뀌었습니다. 여울반 문우님들 계속해서 웃음과 따뜻한 마음 오래도록 주고 간직합시다. 웃음과 사랑으로 이끌어주신 선생님께 엎드려 감사드립니다. 햇살 사라질 때까지 마음으로 기대보렵니다.

2010년 가을

이길자